亲亲宝贝装

1周就能完成的钩针小物

（日）河合真弓 著　　吕婷轩 译

俏皮篇

河南科学技术出版社
·郑州·

目录 ※括号内为编织方法所在页数

17
第39页（40、41）
双色小帽子
12～24个月

18
第38、39页（40、41）
蓝色段染小帽子
12～24个月

19
第39页（40、41）
粉色小帽子
12～24个月

20
第39页（40、41）
浅棕色小帽子
12～24个月

21
第38、39页（40、41）
绿色段染小帽子
12～24个月

22
第42页（44～46）
灰色无袖小裙子
12～24个月

23
第43页（44～46）
粉色无袖小裙子
12～24个月

24
第48页（47、50、51）
粉色小马甲
12～24个月

25
第49页（47、50、51）
奶油色小马甲
12～24个月

26
第52页（54、55）
浅棕色带襻娃娃鞋
12～24个月

27
第52页（54、55）
粉色带襻娃娃鞋
0～12个月

28
第53页（33）
绿色段染毛球娃娃鞋
12～24个月

29
第53页（33）
奶油色毛球娃娃鞋
0～12个月

30
第56、57页（58～60）
灰色单扣开衫
12～24个月

31
第62页（61、64、65）
带帽子的粉色段染披肩
12～24个月

32
第63页（61、64、65）
带帽子的藏蓝色披肩
0～12个月

搭配起来也很可爱哦！
这里介绍一下本书中出现的可爱搭配。

小裙子与小物的
三件套
03+04+05

花边小裙与小物的
三件套
03+04+06

婴儿裙与小物的
三件套
01+02+07

无袖上衣搭配
小鞋子
08+29

披肩与小物的
三件套
11+12+13

绿色搭配
21+28

无袖小裙搭配
单扣开衫
22+30

米色搭配
20+26

作者简介

河合真弓

居住于日本东京都练马区。毕业于 Vogue 编织指导人员培训学校。曾在日本编织达人鸢乃映子主持的"鸢乃工作室"任助手。现广泛活跃于各种女性杂志、相关编织杂志及各大毛线制造商中，发表了很多作品。著有《钩针编织婴儿织物》等。

3

01、02
粉红色小帽子和小鞋

0~12个月

03、04
乳白色小帽子和小鞋

为特别日子准备的小帽子和小鞋。这是给宝宝的第一份漂亮
的小礼物。毛线的质感柔软又舒适，再加上小花图案和蕾丝
的使用，让小物显得更加可爱。

0～12个月

▶ 编织方法　第6～9页

小帽子
0～12个月

▶ 图片见第4、5、28页

●01材料
粉色毛线…40g
●03材料
乳白色毛线…40g
三角网眼蕾丝43cm
小花蕾丝59cm
●11材料
乳白色毛线…24g
米色毛线…16g
●针
钩针4/0号
●完成尺寸
面部轮廓49cm，长23cm

编织方法

❶钩织主体部分
织21针锁针，参照图示，编织8行花样A。然后参照花样B，编织11行。
❷收边编织
在颈部周围按照花边样式A钩织1行，面部轮廓按照花边样式B钩织1行。
❸编织带子及带子装饰
01和11各钩织2个小花图案，03钩织2个枣形针图案。把带子穿过穿线的地方，在两端缝上带子装饰。
❹添加蕾丝
03 将三角花样蕾丝和小花蕾丝缝在面部轮廓上做装饰。在带子的枣形针图案下面，一边叠出褶皱，一边将小花蕾丝卷进固定。

01

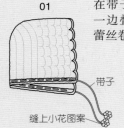

缝上小花图案 ——带子

03

❹添加蕾丝

将三角网眼蕾丝（43cm）的两端折进1cm，缝到花样B的第8行处

带子

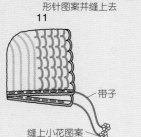

将小花蕾丝（43cm）的两端各折进一个图案，缝到花样B的第6行处

枣形针图案

在小花蕾丝（8cm）的下方叠出褶皱，同时卷入枣形针图案并缝上去

11

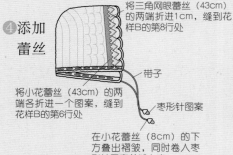

缝上小花图案 ——带子

❸编织带子及带子装饰

03
枣形针 2片
2cm

01、11
小花图案 2片
3.5cm
心

※01是粉色线
11的第1行…米色
第2行…乳白色 } 编织

带子

●————75cm（210针）————●

※引拔针是对锁针的内山收针编织
※11用乳白色线钩织

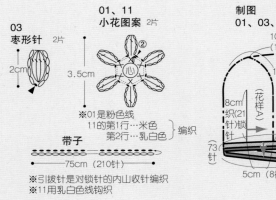

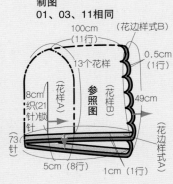

制图
01、03、11相同
100cm （花边样式B）
（11行）
0.5cm
13个花样 （1行）
8cm 织（21针锁针） 参照图 （花样B） 49cm
（花样A）
（73针）
5cm（8行） 1cm（1行）
（花边样式A）

❶编织主体部分

01、03
▽=加线
▼=将线剪断
=拉线

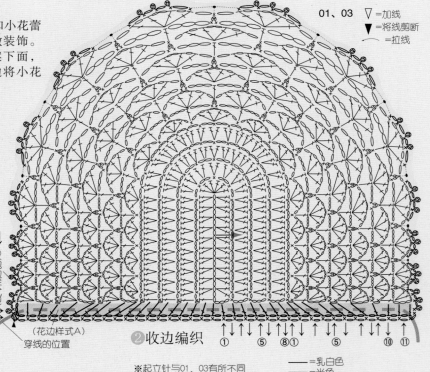

↓（包边样式B）
（花边样式A）
穿线的位置
❷收边编织

※起立针与01、03有所不同
=乳白色
=米色

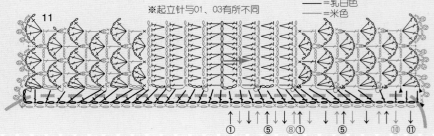

01、03、11　小帽子

※下图使用单色的01进行讲解

❖ 头后部分的编织方法

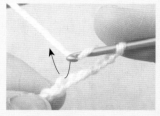

1 织21针锁针。第1行用3针锁针起立针，在针后第6针锁针内山，织1针长针。

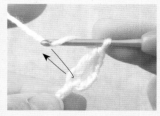

2 在同一针处再织1针长针。

3 空1针，在下一针处织2针长针（形成V字形）。

4 在针脚的锁针处每隔1针织2针长针。在最后1针处织8针长针（共10针），制作成曲线形。

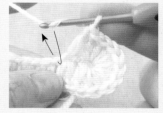

5 织起始针的对面方向，在锁针针脚侧面的2根线上入针，每织2针长针空1针，反复编织。

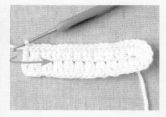

6 编到起针处后，手持左端，按箭头方向旋转，换方向持织片。

7 第2行反复交替织1针短针和2针锁针，短针是在上一行长针的间隙（V字形中心）入针，编织。

8 参照图示，在曲线部分加针，织出U字形织片。

❖ 收边编织（领口侧）第1行的编织方法

1 第1行是从侧面结束的地方开始，织锁针和长针。

2 如果顶端是长针，就按照步骤1的箭头方向入针织长针。

3 如果顶端是短针，或者是行的交界处，将针插入针眼织长针。

4 如果顶端是起立针的锁针，从侧面2根线处入针织长针。

小鞋

0～12个月

▶ 图片见第4、5、28页

●02材料
粉色毛线…30g

●04材料
乳白色毛线…30g
小花蕾丝…46cm

●13材料
乳白色毛线…23g
米色毛线…9g

●针
钩针4/0号

●完成尺寸
长9cm、宽8cm

编织方法

❶织底面和侧面
织14针锁针，参照图示按照花样
A、B、C编织。

❷织带子和装饰物
在织02、04、13以前，各准备两
根带子和两片装饰物。先把带子
穿到侧面之后，再把装饰物缝到
带子边缘。

❸完成
04所示，将小花蕾丝的两端各折
进一个图案大小，并缝合。将绕
成环的小花蕾丝，缝到脚踝第5
行的内侧。

❸完成

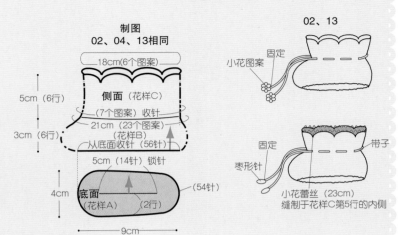

制图
02、04、13相同

18cm（6个图案）

侧面（花样C）
5cm（6行）

（7个图案）收针
21cm（23个图案）
3cm（6行）
（花样B）

从底面收针（56针）

5cm（14针）锁针

4cm

底面
（花样A）（2行）

（54针）

9cm

02、13

小花图案
固定

枣形针
固定

带子

小花蕾丝（23cm）
缝制于花样C第5行的内侧

❷织带子和装饰物

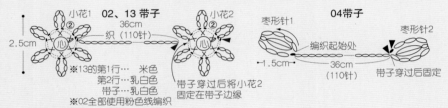

小花1 02、13 带子 小花2
36cm
2.5cm 织（110针）

※13的第1行…米色
第2行…乳白色
带子…乳白色
※02全部使用粉色线编织

带子穿过后将小花2
固定在带子边缘

04带子
枣形针1 枣形针2

编织起始处
1.5cm 36cm
（110针）

带子穿过后固定

❶织底面和侧面

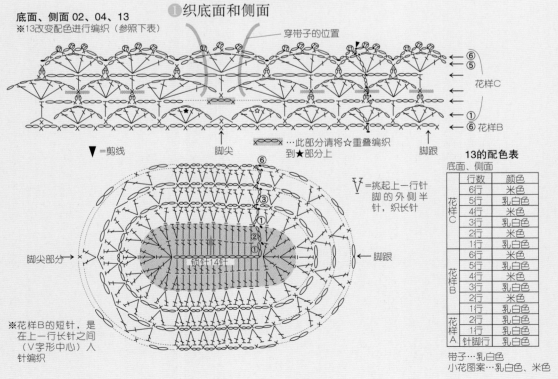

底面、侧面 02、04、13
※13改变配色进行编织（参照下表）

穿带子的位置

⑥
⑤
花样C
①
⑥ 花样B

▼=剪线
脚尖
脚跟

…此部分请将☆重叠编织
到★部分上

V =挑起上一行针
脚的外侧半
针，织长针

脚尖部分

锁针14针

脚跟

※花样B的短针，是
在上一行长针之间
（V字形中心）入
针编织

13的配色表

底面、侧面		行数	颜色
花样C		6行	米色
		5行	乳白色
		4行	米色
		3行	乳白色
		2行	米色
		1行	乳白色
花样B		6行	米色
		5行	乳白色
		4行	米色
		3行	乳白色
		2行	米色
		1行	乳白色
花样A		2行	乳白色
		针脚行	乳白色

带子…乳白色
小花图案…乳白色、米色

02、04、13　小鞋
※图片中使用单色线02进行说明

❖ 编织底面和侧面

长针的条纹针

1 在底面中心织14针锁针，围绕针脚织中长针和长针。

2 第2行织脚尖和脚跟部分，在第1行周围加针织一圈长针。

3 第2行结束处引拔穿到第3针锁针，再引拔穿过下一针长针的外侧半针。

4 侧面第1行3针锁针作起立针，然后织长针的条纹针。

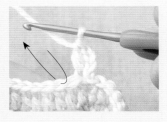
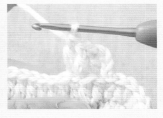

5 按箭头所指方向，将钩针插入底面第2行的外侧半针处，开始织长针。

6 在上一行每一针处织2针，脚尖中心每一针内织3针，脚跟和中心部位织1针，织出大概形状。

7 第2行织锁针和短针，短针是在长针之间空隙（V字形中心）入针进行编织。

8 侧面以花样B开始，再织花样C，织到脚踝处。

❖ 织带子、穿带子

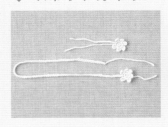

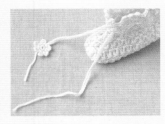

1 编织带小花图案的带子（110针锁针），另外织一个小花图案备用。

2 把带子顶端挂到钩针上，找到穿带子的地方（脚踝处第3行）穿过去。

3 拉出带子使左右等长，把另外制作的小花图案固定在带子顶端。

4 最后沿针脚整理毛线。

9

05 　小礼服

0～12个月

以清爽、简单的小礼服为雏形，
添加上做好的蕾丝后会显得更漂亮哦！
一针一针地钩出最有纪念意义的小礼服，让它成为更特别的
回忆吧。

▶ 编织方法　第14～17页

06　蕾丝小礼服

0～12个月

07 粉红花朵抽带小礼服

简单的小礼服，配上带小花图案的带子，让小裙
子看上去更加可爱。
与01、02的童帽和小鞋搭配，当作最特别的礼物
送给朋友，再合适不过了。

▶ 编织方法　第14～17页

0～12个月

05、06、07

小礼服、
花朵抽带小礼服

0～12个月

▶ 图片见第10～13页

●05材料
乳白色毛线…500g
直径1.5cm的纽扣10颗
棉质皮筋44cm
●06材料
与05相同
三角蕾丝178cm

小花蕾丝357cm
●07材料
粉红色毛线…505g
直径1.5cm的纽扣10颗
●针
钩针4/0号

●织片密度
边长10cm正方形内花
样A 34针、13.5行
花样B 27针、10行
●完成尺寸
胸围大小自定、背部肩
宽23cm、袖长23cm

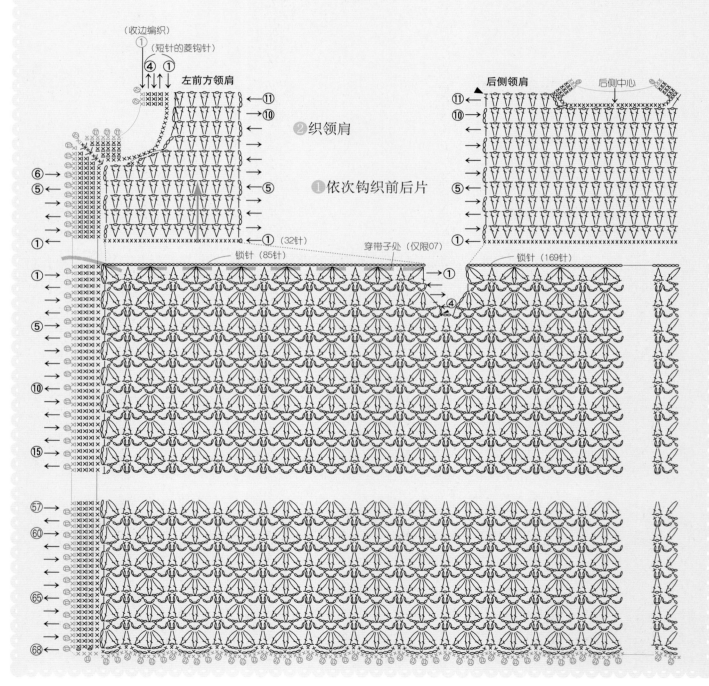

14

编织方法（适用于05、06、07）

①依次钩织前后片
前片左右各织85针锁针，后片织169针锁针，且各织4行。3片编成后如图所示，后片的第4行织好后接到左前片上，右前片接到后片上，成为一整片。由下一行开始，不加针、不减针织64行花样A。

②织领肩
由前后片针脚开始，分别以短针收针，按照花样B减针织衣领。

③织袖子
由袖上折叠线开始起针，按照花样A编织。再包边织1行。

④接上肩部，织领子和前襟
以卷针并接将肩部接上。领口以及前端部分，以1行短针收针，第2～4行织短针的菱钩针（右前襟开10个扣眼），最后织前端、衣领、下摆，1行收边。

⑤连接袖子
袖子下半部分以锁针缝合后，将袖子

以引拔针固定。

⑥将橡皮筋、带子穿过袖子
05、06穿橡皮筋，07穿带子，打结。

⑦完成
05、06、07 缝扣子。如图所示，06固定蕾丝，完成。

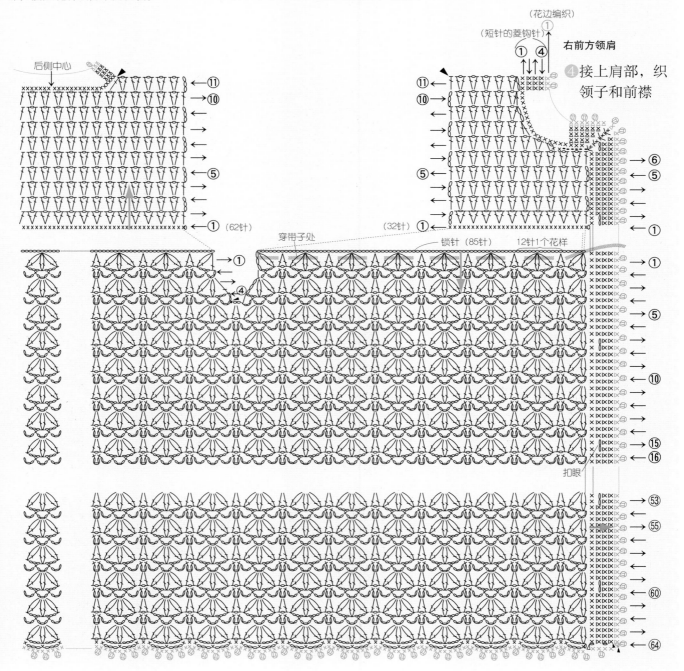

④接上肩部，织领子和前襟

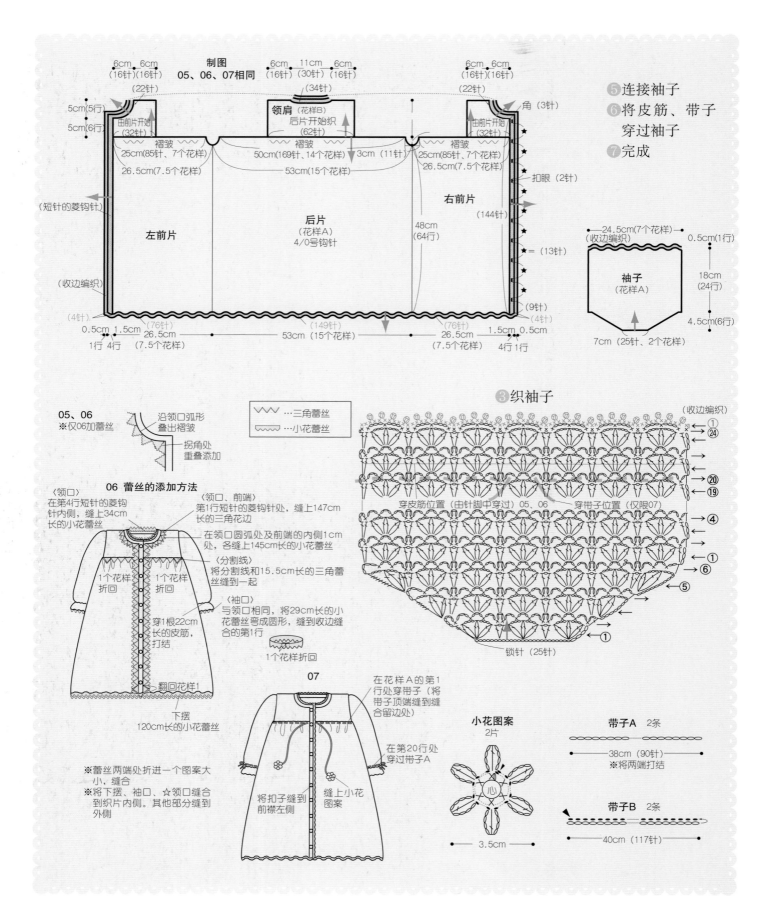

制图 05、06、07相同

⑤连接袖子
⑥将皮筋、带子穿过袖子
⑦完成

6cm 6cm
(16针)(16针)
(22针)
领肩(花样B)
后片开始织(62针)
6cm 11cm 6cm
(16针)(30针)(16针)
(34针)
6cm 6cm
(16针)(16针)
(22针)
角(3针)

5cm(5行)
5cm(6行)
由前片开始(32针)
褶皱
25cm(85针、7个花样)
26.5cm(7.5个花样)
褶皱
50cm(169针、14个花样)
53cm(15个花样)
3cm(11针)
褶皱
25cm(85针、7个花样)
26.5cm(7.5个花样)
由前片开始(32针)
扣眼(2针)

（短针的菱钩针）

左前片
后片(花样A)4/0号钩针
右前片(144针)
48cm(64行)

=（13针）

（收边编织）
（4针）
0.5cm 1.5cm
26.5cm(7.5个花样)
1行 4行
(76针)
(149针)
53cm(15个花样)
(76针)
26.5cm(7.5个花样)
1.5cm 0.5cm
4行 1行
(9针)
(4针)

24.5cm(7个花样)
（收边编织）
0.5cm(1行)
18cm(24行)
4.5cm(6行)
袖子(花样A)
7cm(25针、2个花样)

VVV…三角蕾丝
⌒⌒⌒…小花蕾丝

③织袖子

05、06
※仅06加蕾丝
沿领口弧形叠出褶皱
拐角处重叠添加

06 蕾丝的添加方法

〈领口〉
在第4行短针的菱钩针内侧，缝上34cm长的小花蕾丝

〈领口、前端〉
第1行短针的菱钩针处，缝上147cm长的三角花边
在领口圆弧处及前端的内侧1cm处，各缝上145cm长的小花蕾丝
〈分割线〉
将分割线和15.5cm长的三角蕾丝缝到一起
〈袖口〉
与领口相同，将29cm长的小花蕾丝弯成圆形，缝到收边缝合的第1行

1个花样折回

1个花样折回
穿1根22cm长的皮筋，打结

翻回花样1

下摆120cm长的小花蕾丝

※蕾丝两端处折进一个图案大小，缝合
※将下摆、袖口、☆领口缝合到织片内侧。其他部分缝到外侧

（收边编织）
①
24
20
19
穿皮筋位置（由针脚中穿过）05、06
穿带子位置（仅限07）
④
①
6
⑤
①
锁针(25针)

07
在花样A的第1行处穿带子（将带子顶端缝到缝合留边处）
在第20行处穿过带子A
将扣子缝到前襟左侧
缝上小花图案

小花图案 2片
心
3.5cm

带子A 2条
38cm(90针)
※将两端打结

带子B 2条
40cm(117针)

05、06、07 小礼服、花朵抽带小礼服

※织领口及捏褶皱的方法

❖ 长针的条纹针

1 前片左侧织完第4行后停线，后方及右前方相同。把后片接到左前片上，右前片接到后片上。

2 用左前方停下的线继续织后片及右前片。袖口部分依次织2针锁针、1针长针、1针锁针、1针长针。

3 继续织左前片、右前片、后片，一直织到下摆，成为一整片。

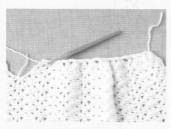

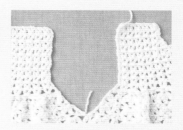

4 领肩的第1行织短针，前面左右各织32针，后面织62针收针缩紧。

5 第2行开始织长针和锁针的花样B。

6 织领口前面和领口后面。图为编织到肩部的样子。

❖ 接袖方法〈引拔针并接〉

1 将前后片的里面翻出来，把袖子放进去，两片相对后，在等间距的位置插上珠针。

2 在边线处穿线，把针穿过两片，以引拔针连接。

3 把针插入两片第1针与第2针之间，以引拔针连接。

4 连接完成后再留15cm线头，剪断，将线拉出，使针脚可大幅度拉伸。

5 把线绕在缝合针上，使连接针脚捆在一起，整理线。

6 上袖完成。翻回到正面，检查是否有线头露在外面。

08 奶油色无袖短上衣

以漂亮的镂空花样编织的无袖短上衣，可以很好地调节体温，让孩子不冷也不热。

尺寸稍长一些，即使宝宝站不稳也没关系，上衣会将他们轻轻地包裹起来。

▶ 编织方法　第20～23页

0～12个月

09
蓝色长款无袖上衣

0～12个月

08、09

无袖上衣

0~12个月

▶ 图片见第18、19页

●08材料
奶油色毛线…140g
●09材料
蓝色毛线…200g
●针
钩针4/0号
●织片密度
10cm² 内2.6个花样、14行
●完成尺寸
08…胸围40cm、肩背部
宽23cm、身长34.5cm
09…胸围40cm、肩背部
宽23cm、身长46cm

编织方法

※08与09大致相同。只
是09的体侧长度比08
多织16行（图中▨部
分）
①织前后片
织201针锁针，按花样
织右前片、后片、左前
片相连接的一整片。
08体侧长度织24行，09
织40行，08、09的袖口
和领口相同。
②接上肩部
用卷针并接的方式接上
肩部。
③收边编织
在下摆、前端、前后领
口处织3行收边缝合。
左右袖口也分别收边缝
合。
④织带子并固定
08织带子A、B各2条，
09各织4条。参照固定
带子的示意图，将带子
固定上去。带子要固定
到前后片的正反两侧，
注意位置。

带子位置 ━ =08
　　　　 ┄ =09

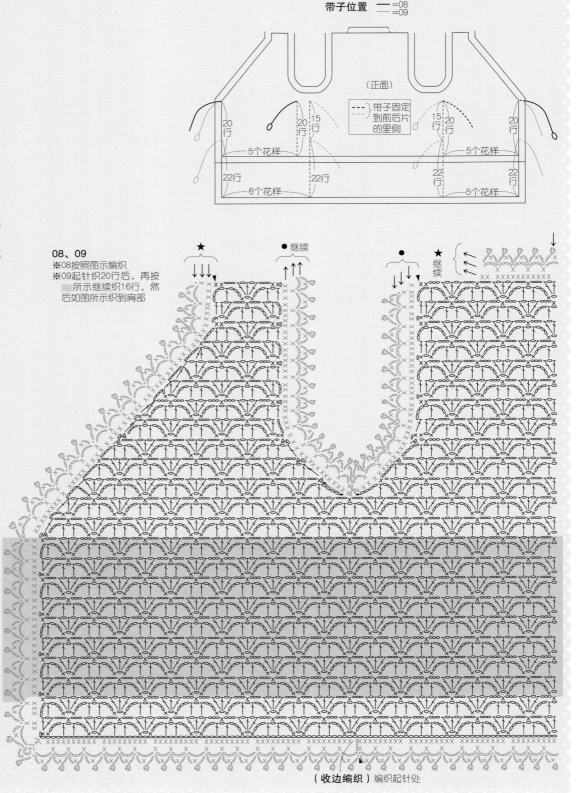

08、09
※08按照图示编织
※09起针织20行后，再按
　▨所示继续织16行。然
　后如图所示织到肩部

（正面）

┅┅ 带子固定
━━ 到前后片
　　 的里侧

20行　20行　15行　15行　20行　20行

5个花样　　　　　　5个花样
22行　22行　22行　22行
6个花样　　　5个花样

●继续　●继续　★继续

（收边编织）编织起针处

20

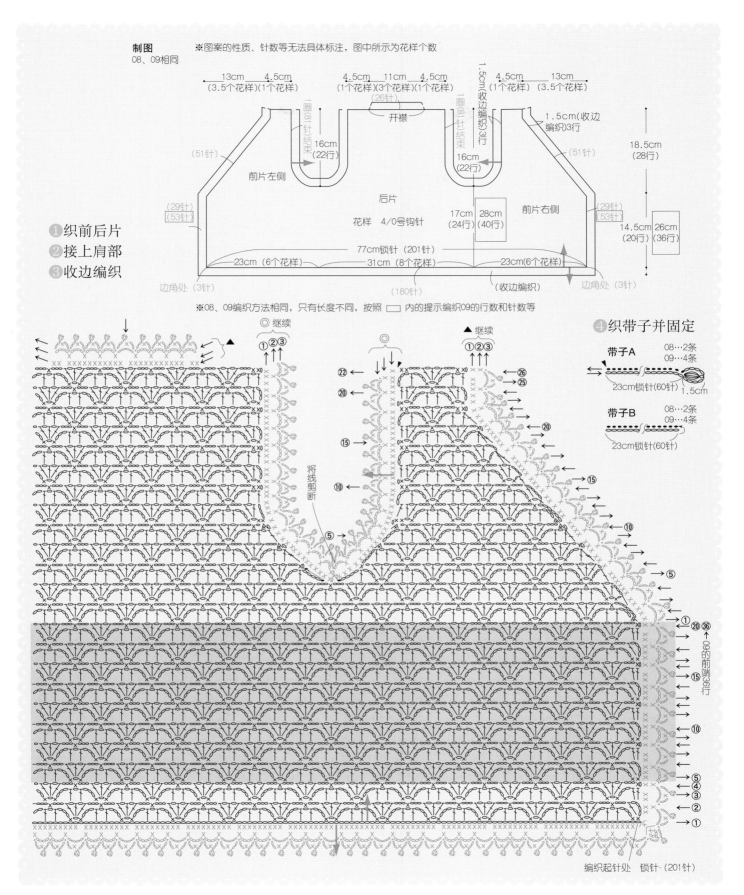

制图
08、09相同

※图案的性质、针数等无法具体标注，图中所示为花样个数

①织前后片
②接上肩部
③收边编织

※08、09编织方法相同，只有长度不同，按照 ▢ 内的提示编织09的行数和针数等

④织带子并固定

带子A　　08…2条
　　　　　09…4条
23cm锁针(60针)　1.5cm

带子B　　08…2条
　　　　　09…4条
23cm锁针(60针)

08、09　无袖上衣

※图中使用08进行说明

❖ 前领口减针

⋀ 长针2针并1针　右前方

⋀ 左前方

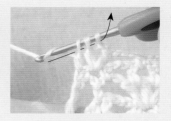

1 前领口第4行（从下摆数起第24行）织长针2针并1针。以3针起立针和1针长针起针。

2 右前方织长针2针并1针，下一行在长针的开始处分针。

3 在织完的一侧，针上挂1针未完成长针，在上一行起立针的锁针针眼织未完成长针。

4 针上挂2针未完成长针后，针上挂线，一次引拔穿过。

⋀ 中长针和长针2针并1针　右前方　⋀ 左前方

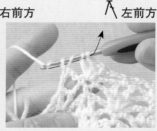

5 长针2针并1针完成。

6 第6行织中长针和长针2针并1针，以起立针2针锁针、1针长针开始（右前方）。

7 完成的一侧（左前方）针上挂未完成长针，再挂线拉出一个环。

8 如步骤7中箭头所示挂线，一次引拔穿过。

⋀ 长针和长长针2针并1针　右前方

✧ 短针2针并1针

9 第7行边缘织长针和长长针2针并1针。针上挂未完成长针织长长针。

10 未完成的长针和长长针织好后，针上挂线一次引拔穿过。

11 长针和长长针2针并1针完成。起始一侧为起立针4针锁针和1针长针（⋀）。

12 第10行边缘处织短针2针并1针，前一行入针，拉出两个环。

08、09　无袖上衣

  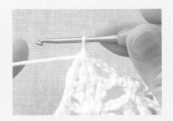

1针长长针和2针长针的3针并1针　左前方　右前方

13 针上挂线，按步骤12箭头所示方向引拔穿过，短针2针并1针完成。左右方法相同。

14 第19行织1针长长针和2针长针的3针并1针。起始一侧（左前方）织4针锁针和长针2针并1针。

15 织完的一侧（右前方）织2针未完成长针和1针未完成长长针，针上挂线。

16 按步骤15箭头所示一次引拔穿过。3针并1针完成。

❖ 袖口圆弧的编织方法

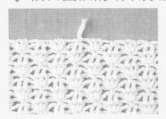   

1 下摆织24行后，在左右边线处加记号圈。

2 从有线头的左前片开始织。第1行结束处的引拔针织好后，线上打结。

3 织袖口第2行，在前一行长针开始处入针，将线拉出。把线从第1行结束处拉出，从里侧拉到这1针处。

4 第2行后与前衣领要领相同。分别织2针并1针和3针并1针，织成圆弧。

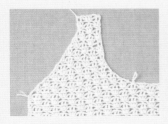   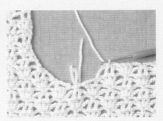

5 前片左侧织到肩部后，将接肩用的线留30cm后剪断。

6 后片，在左侧记号圈第2针处穿线。

7 参照记号图，后片左右不断减针，织成弧形。

8 前片右侧在右侧记号圈第2针处穿线，与后片左侧袖口弧形的同样方法织前片右侧。

10　条纹婴儿包被

细微处凹凸有致，可爱的条纹婴儿包被。
厚厚的质地，当毯子来使用也很温暖哦！
经典而简单的造型永远不会过时，一定会令你爱不释手哦！

▶ 编织方法　第26、27页

10

条纹婴儿包被
0～12个月

▶ 图片见第24、25页

●材料
乳白色毛线…320g
灰色毛线…290g
●针
钩针4/0号
●织片密度
边长10cm的正方形条纹
式样内28.5针、15行
●完成尺寸
89cm×89cm

编织方法
❶织主体部分
织239针锁针，参照图
示，每6行换一次线，
织126行。
❷收边编织
在主体部分的四周收
边，花边缝合3行。

制图

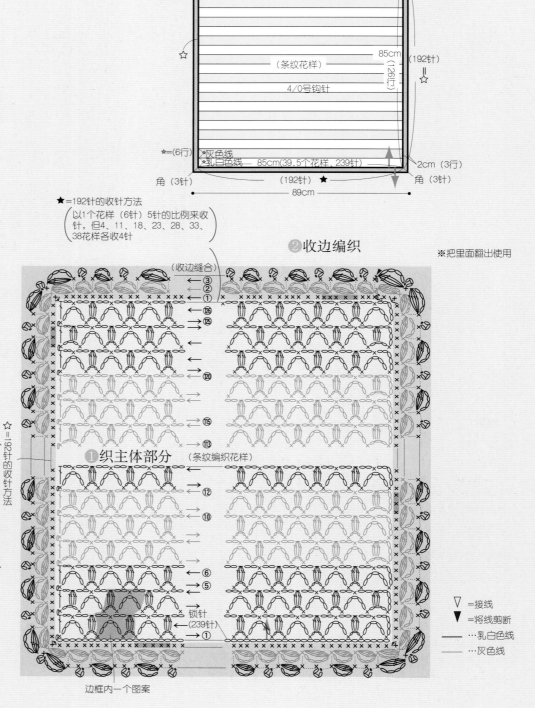

（192针）　★
角（3针）
（包边缝合条纹）

85cm
（条纹花样）
（126行）
4/0号钩针
（192针）
☆

★=(6行)※灰色线
※乳白色线　85cm(39.5个花样，239针)
2cm（3行）

角（3针）　（192针）　★　角（3针）
89cm

★=192针的收针方法
（以1个花样（6行）5针的比例来收
针，但4、11、18、23、28、33、
38花样各收4针）

❷收边编织　※把里面翻出使用

（收边缝合）

❶织主体部分　（条纹编织花样）

☆=192针的收针方法
（以2行收3针的比例来收针，
但主体部分的19、20行，
59、60行，79、80行各收4针）

锁针
（239针）

边框内一个图案

▽=接线
▼=将线剪断
──…乳白色线
──…灰色线

10 条纹婴儿包被

❖ 枣形针的编织方法 　　长针4针的枣形针

1 第1行反复织短针和锁针。

2 织第2行枣形针，针上挂线，将前一行下间隙中入针，再挂线拉出两个环。

未完成长针

3 针上挂未完成长针，再织3针未完成长针。

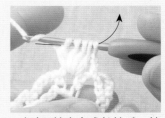

4 织好4针未完成长针后，针上挂线，一次引拔穿过。

5 长针4针的枣形针完成。然后反复织短针、锁针、枣形针。

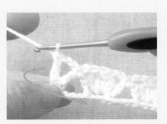

6 织完后将左侧转到手前方，换方向手持。

❖ 收边缝合的编织方法 　　长针4针的枣形针 　　短针凸编

1 第1行用乳白色线织短针，第2行用灰色线织枣形针。织枣形针时，在与短针同一针处织4针未完成长针。

2 按照步骤1箭头所示，一次引拔穿过，枣形针完成。在3针以后的短针处织短针。

3 重复步骤1、2。

4 第3行再次使用乳白色线，重复凸编并织枣形针。凸编织法是1针短针后织3针锁针。

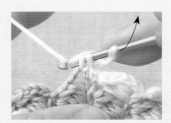

5 把针插入短针的首尾两针中，针上挂线，一次引拔穿过。

6 锁3针，凸编完成。然后重复凸编和枣形针。

11、12、13
双色童帽、小披肩、婴儿鞋

让你倍感浪漫的贝壳图案。柔软宽松的披肩，让宝宝的小手、小脚可以随便活动。与01、02使用相同方法编织的童帽和婴儿鞋，与小披肩搭配在一起，让宝宝显得可爱无比哦！

▶ 编织方法　11、13见第6～9页
　　　　　　　12、14见30～32页

0～12个月

14
薄荷绿色披肩

0～12个月

12、14

披肩

0～12个月

▶ 图片见第28、29页

●12材料
乳白色毛线…115g
米色毛线…25g
●14材料
薄荷绿色毛线…130g
●针
钩针4/0号
●完成尺寸
参照示意图

编织方法

※12、14编织方法相同。由于
配色条纹不同，主体部分的编
织方向也有所不同。
❶织主体部分
织103针锁针，如图所示分散
加针，织24行花样A。
❷织衣领
从针脚处收针，织3行花样B。
❸花边编织
在领口、前端、下摆处织一圈
花边。
❹织带子
12用乳白色、14用薄荷绿色织
带子。
❺织带子装饰，完成
12织小花图案，14织毛球。如
图所示各织2片。把带子穿过
衣领后，在带子顶端缝上装饰
物。

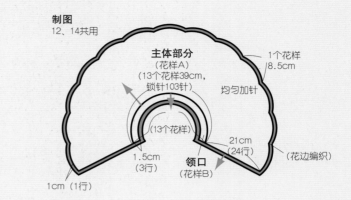

制图
12、14共用

主体部分
（花样A）
（13个花样39cm，
锁针103针）

1个花样
8.5cm

均匀加针

（13个花样）

21cm
（24行）

（花边编织）

1.5cm
（3行）

领口
（花样B）

1cm（1行）

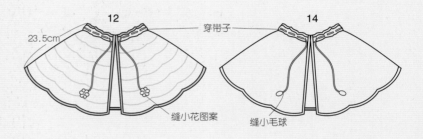

23.5cm

12　　穿带子　　14

缝小花图案　　缝小毛球

14
※与12编织方法相同。但注意主
体部分起立针的方向不同
※领口及花边编织与12相同

（花样A）

㉔

⑳

⑮

⑩

⑤

①

▽=接线
▼=将线剪断

❹织带子

12、14 带子

━━━━━━ 90cm（230针）━━━━━━

※引拔针钩法是挑起锁针内山钩织
※12的带子用乳白色编织

❺织带子装饰，完成

12 小花图案
2片

心

3.5cm

① 米色
② 乳白色

14 小毛球
2片

心

2cm

※第5行编好后中间插
入同样的线，织剩
下的一行
※最后一行穿过线后
把线扎在一起

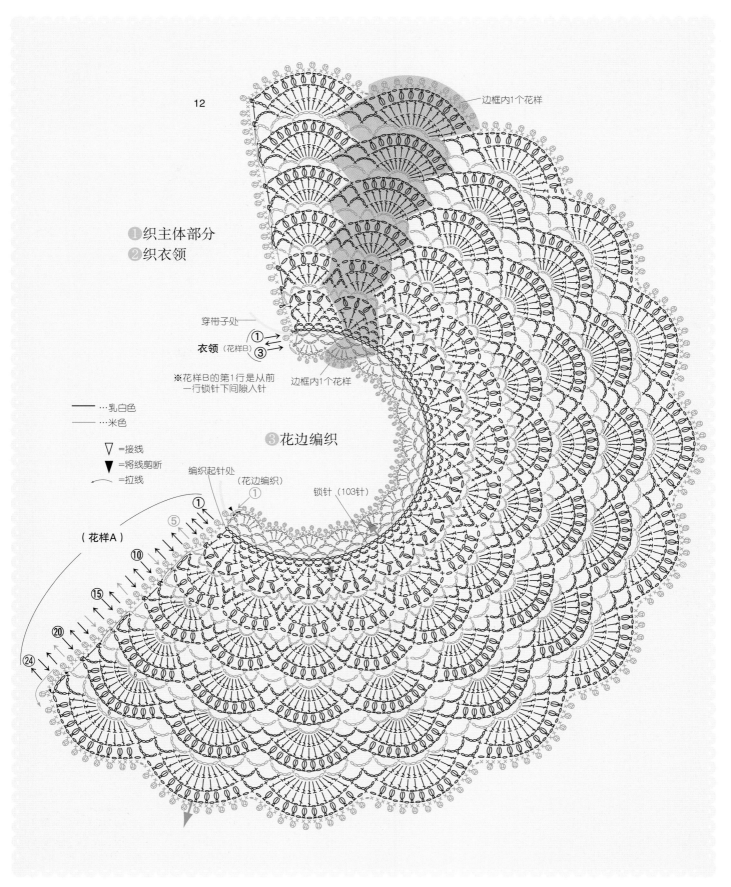

12

①织主体部分
②织衣领

边框内1个花样

穿带子处

衣领（花样B）
①
③

※花样B的第1行是从前一行锁针下间隙入针

———…乳白色
———…米色

▽=接线
▼=将线剪断
⌒=拉线

③花边编织

边框内1个花样

编织起针处
（花边编织）
①

锁针（103针）

（花样A）
①
⑤
⑩
⑮
⑳
㉔

12、14　披肩

※图中以使用两种颜色线的12进行说明

❖ 配色线的换线方法

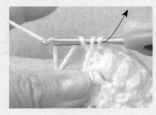

1 第4行最后1针处，把原线由近到远挂到钩针根部后停线，把配色线挂到针头。

2 将配色线引拔穿过，换线。将原线和配色线垂向对面一侧。

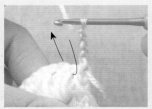

3 第5行织2针起立针，再织2针锁针，从前行锁针下入针织1针短针。

4 把线垂向正在编织的一端，用锁针和短针织网状编织。

5 第5行结束处改锁针为中长针，将针从针脚中抽出。

6 让停下的线圈尽量大些，不要让针脚松开。

7 织第6行。把停在第4行的毛线从前行起立针锁2针处拉出，织起立针锁针1针。

8 按照图示织花样。最后，将上一行结束处停下的线圈松开，插入钩针。

9 从外向里将停下的配色线挂到钩针上，将原线再挂上针头处。

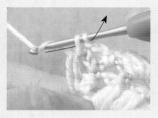

10 再次针头挂线，按箭头方向引拔穿过，织最后的短针。

11 第6行结束。停下原线和配色线不要剪断，拉到顶端继续织。

12 在第8行结束处，将配色线从第5行拉起，将原线从根部换线并从里侧拉出，引拔穿过后换线。

28、29

带毛球的娃娃鞋

28…12～24个月　29…0～12个月

▶ 图片见第53页

● 28材料
绿色系段染线…35g
● 29材料
米色毛线…27g
● 针
28…钩针5/0号
29…钩针4/0号
● 完成尺寸
28…长13.5cm、宽8cm
29…长12.5cm、宽7.5cm

编织方法

❶ 织脚尖部分
起针，各织9行短针、长针、锁针，呈圆形。

❷ 织侧面部分
从脚尖部分最后一行的32针开始收针，织7行往复针，织短针、锁针、长针，不加针不减针。第8～10行如图所示，减针织脚跟部分。

❸ 连接
将侧面部分织完的24针折成两部分，对折缝合到一起。

❹ 完成
脚踝一圈处织33针短针，整理。把小毛球固定到鞋面上，完成。

制图
28、29共用
　　　　　　　　—　=28
　　　　　　　　—　=29

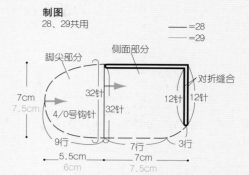

※2种尺寸的钩织方法（针数、行数）、连接方法相同，只是完成尺寸不同

❶ 织脚尖部分

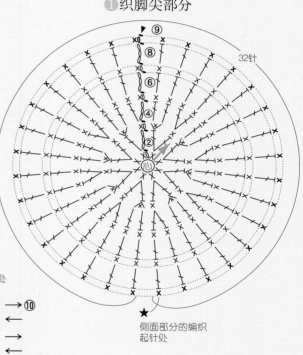

★ 侧面部分的编织起针处

❷ 织侧面部分
❸ 连接

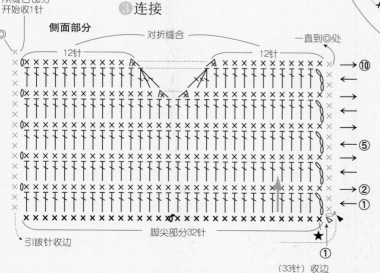

❹ 完成

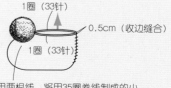

用两根线，将用35圈卷线制成的小毛球（直径3.5cm、4.5cm）固定在鞋面上

15　拼接图案的婴儿包被

这款婴儿包被的配色非常适合爱漂亮的妈妈们
哟！还可以作为暖腿的小毛毯来使用，非常方
便。另外，织成单色，或者将自己中意的颜色组
合起来，改变风格也十分有趣哦！

▶ 编织方法　第36、37页

15

拼接图案的婴儿包被

▶ 图片见第34、35页

●材料
巧克力色毛线…260g
深棕色毛线…80g
蓝色、嫩绿色、橙色毛线…各20g
●针
钩针4/0号
●织片密度
图案（A、B、C）直径9cm
●完成尺寸
91cm×91cm

编织方法

❶织第1片花样
织5针锁针成为1个圆，如
图所示织花样A。

❷从第2片开始织3种花样
连接到一起。
从第2片开始，参照花样
配色图，织100片3种不同
配色的花样并连接起来。
连接方法是将相邻花样的
线圈收针挂线，以引拔针
连接。

❸填补花样间的空隙
在花样A、B、C的空隙处
织小片。

❹花边编织
将婴儿包被的四周花边整
理。

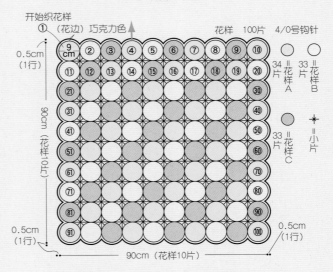

制图

※花样A、B、C如图所示分布，按序号编织
※织小片，填补花样A~C之间的空隙

❶织第1片花样
❷从第2片开始织3种花样连接到一起

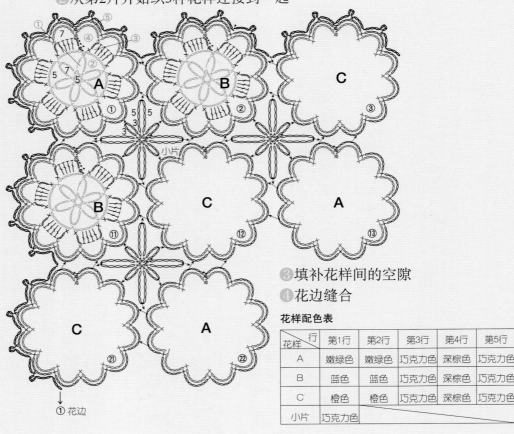

①花边

❸填补花样间的空隙
❹花边缝合

花样配色表

花样\行	第1行	第2行	第3行	第4行	第5行
A	嫩绿色	嫩绿色	巧克力色	深棕色	巧克力色
B	蓝色	蓝色	巧克力色	深棕色	巧克力色
C	橙色	橙色	巧克力色	深棕色	巧克力色
小片	巧克力色				

15 拼接图案的婴儿包被

❖ 图案的连接方法（边织边连接）

1 织好第1片，边织第2片边连接。

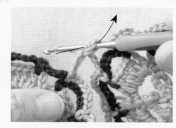

2 在织第2片第5行的7针锁针时，在锁针第4针处将针插入另一片的线圈。

3 针上挂线引拔穿过。织剩下的3针锁针。

4 每片连接两处，织第2片花样剩下的针。

5 图为连接好的2片花样。第3片按照同样方法连接两处。

6 图为连接好的4片花样。按照相同要领继续编织、连接即可。

❖ 填补空隙的方法

1 小片（填补空隙的织物名称）织法是，织4针锁针成一个圆，织1针短针、3针锁针。

2 将针插入第2片花样的锁针线圈中引拔穿过。

3 织3针锁针，在锁针中心处织1针短针。

4 织5针锁针，将针插入相连两片的引拔针脚，引拔穿过，再织5针锁针。

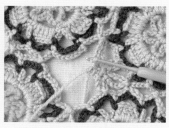

5 按照步骤1~4的方法，引拔穿到花样线圈和连接针的针脚处。

6 小片的结束针引拔穿到起始针短针处。

小宝宝们都很喜欢带耳朵的小帽子。改变一下耳朵的样
子，就能变成各种不同的小动物。多做几顶，每天戴着它
们出门吧！

▶ 编织方法　第40、41页

12～24个月

16
乳白色小帽子

17
双色小帽子

18
蓝色段染
小帽子

19
粉色小帽子

20
浅棕色小帽子

21
绿色段染
小帽子

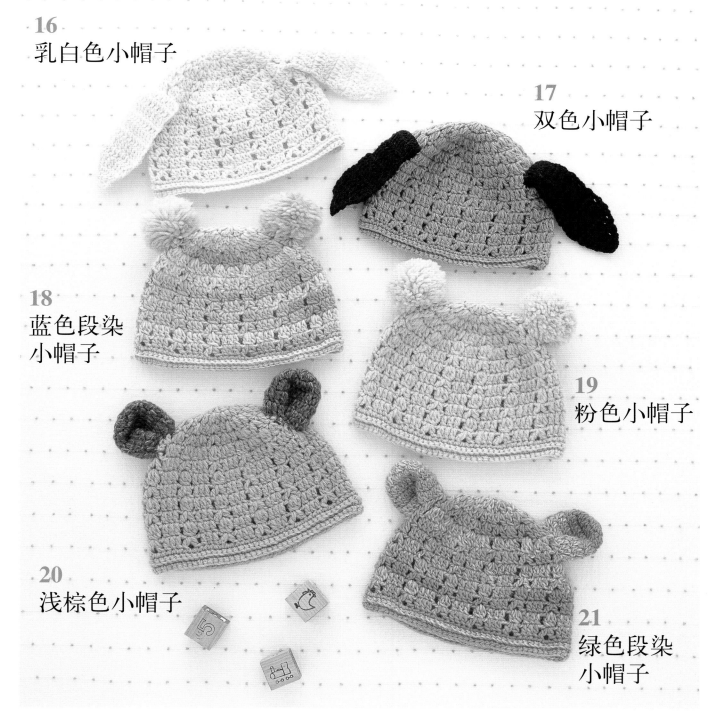

小帽子

12～24个月

▶ 图片见第38、39页

●16材料
乳白色毛线…42g
●17材料
灰色毛线…32g
黑色毛线…7g
●18材料
蓝色系段染毛线…46g
●19材料
粉色毛线…42g
●20材料
浅棕色毛线…32g
深棕色毛线…8g
●21材料
绿色系段染毛线…43g
●针
钩针6/0号
●完成尺寸
纵深15cm、头部周长43cm

编织方法（各色相同）
❶织帽子
起针，如图所示织12行。
然后在帽檐处织4行短针
的菱钩针。
❷完成
16用与帽子同色的线、17
使用黑色线织耳朵，如图
所示固定上去。将与帽子
同色的小毛球固定到18、
19的指定位置上。20使用
深棕色线、21用与帽子同
色的线分别织耳朵，织好
后固定上去。

❶织帽子

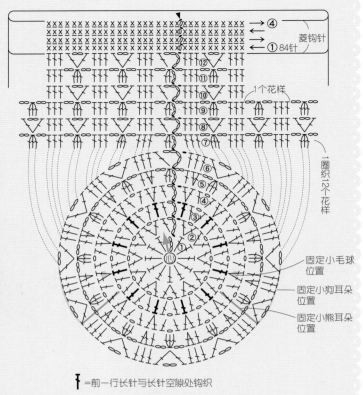

→④
菱钩针
←
←①84针
1个花样
⑫
⑪
⑩
⑨
⑧
⑦
⑥
⑤
④
③
②
①
一圈织12个花样

固定小毛球位置
固定小狗耳朵位置
固定小熊耳朵位置

┢=前一行长针与长针空隙处钩织

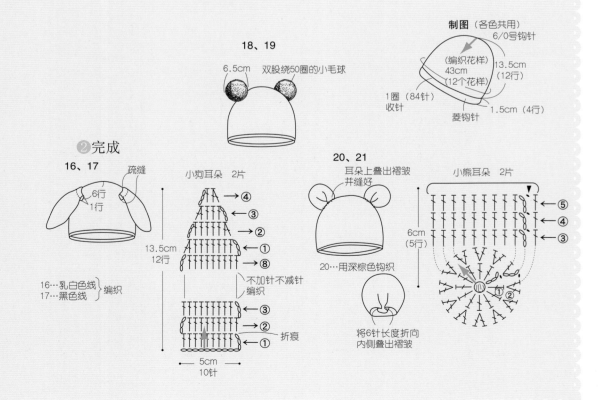

18、19
6.5cm
双股绕50圈的小毛球

❷完成

16、17
疏缝
6行
1行
13.5cm
12行
16…乳白色线
17…黑色线 编织

小狗耳朵 2片
→④
←③
→②
←①
不加针不减针编织
→⑧
→③
→②
折痕
→①
5cm
10针

20、21
耳朵上叠出褶皱并缝好
20…用深棕色钩织
将6针长度折向内侧叠出褶皱

小熊耳朵 2片
←⑤
←④
←③
6cm
（5行）
①②

制图（各色共用）
6/0号钩针
（编织花样）
43cm
（12个花样）
13.5cm
（12行）
1圈（84针）收针
1.5cm（4行）
菱钩针

16～21　小帽子（带耳朵）

❖ 圆形织片的针脚及编织方法

1 把线在食指上绕两圈呈环状。

2 环退下来手持，把针插入环中将线拉出。

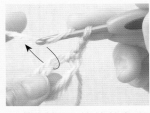
3 第1行以3针锁针起立针，把圆环捆成一束织长针。

4 织12针长针（3针锁针看做1针），用手拉线头缩紧。

5 结束处，在起立针的锁针第3针处将针插入，引拔穿过。

6 每行加针，正面向上继续编织。

❖ 收边菱钩针　　　✕ 短针菱钩针

1 第1行正面向上织短针，结束处引拔穿过至开始处的短针。

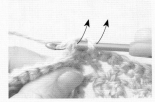
2 第2行以1针锁针起立针，背面向上织短针菱钩针。

3 织短针菱钩针，在前一行短针的对面一根线处织短针。

4 第2行的结束处引拔到开始的短针处。

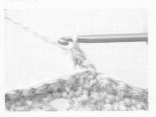
5 第3行以1针锁针起立针，正面向上挑起对面的一根线织短针。

6 每行换手持，在对面的一根线处织短针，呈波浪形。结束处引拔穿到开始处的短针。

❖ 耳朵的固定方法（作品20、21）

1 在耳朵中心叠出褶皱，用线头固定。

2 将耳朵用线头固定到帽子上。

3 把耳朵捏得圆圆的，将耳朵编织结束的地方固定到帽子上。

4 左右均叠出褶皱，尽量使两边形状相同，固定。

22　灰色无袖
小裙子

12～24个月

**23 粉色无袖
小裙子**

无论是使用小大人似的深色系配色，还是女孩子们最喜爱
的粉红色，裙摆处的花样都是一大亮点。
双肩处的纽扣设计，使穿上脱下都变得很容易哟！

▶ 编织方法　第44～46页

12～24个月

无袖小裙子

12～24个月

▶ 图片见第42、43页

● 22材料
深灰色毛线…180g
乳白色毛线…15g
黑色毛线…15g
直径0.8cm的纽扣6颗
● 23材料
深粉色毛线…180g
浅粉色毛线…15g
乳白色毛线…15g
直径0.8cm的纽扣6颗
● 针
钩针4/0号
● 织片密度
花样约6.5cm×6.5cm，
边长10cm正方形花样内
23.5针、10.5行
● 完成尺寸
胸围52cm、肩背宽23cm、
长度42.75cm

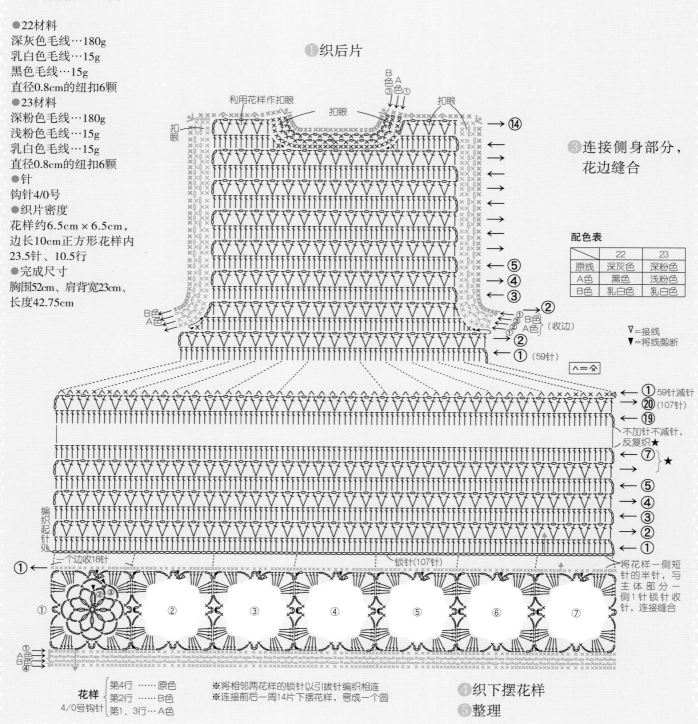

❶织后片

利用花样作扣眼　　　扣眼

B色 A色
③色 ①色

扣眼　　　扣眼

→⑭

❸连接侧身部分，
花边缝合

B色
A色

①②B色
②A色　（收边）
①②

←①（59针）

⑤
④
③

配色表

	22	23
原线	深灰色	深粉色
A色	黑色	浅粉色
B色	乳白色	乳白色

▽＝接线
▼＝将线剪断

⌃＝⌃

①59针减针
⑳(107针)
⑲

不加针不减针，
反复织★

⑦ ★
⑤
④
③
②
①

B色
A色
④

编织起针处

一个边收18针

锁针(107针)

①

将花样一侧短
针的半针，与
主体部分一
侧1针锁针收
针，连接缝合

① ② ③ ④ ⑤ ⑥ ⑦

花样
4/0号钩针

第4行 …… 原色
第2行 …… B色
第1、3行…… A色

※将相邻两花样的锁针以引拔针编织相连
※连接前后一周14片下摆花样，弯成一个圆

❹织下摆花样
❺整理

编织方法

❶织后片

织107针锁针，如图所示织花样。侧身长的20行织好后，下一行织短针的同时，减到59针，叠出褶皱。然后如图所示，织花样到肩膀处。

❷织后片

除领口处减针外，其他与后片相同。

❸并接侧身部分，收边缝合

侧身以锁针并接，前后领口均收边织到第3行。收边的第4行与左右两袖、前后两肩、前后领口相连接编织（前后片的双肩处可打开）。

❹织下摆花样

织14片花样，连接后成一个圆。花样上方织1行短针，下方织4行花边，整理形状。

❺连接

将前后片与裙摆的花样部分相拼接缝合。缝上纽扣，完成。

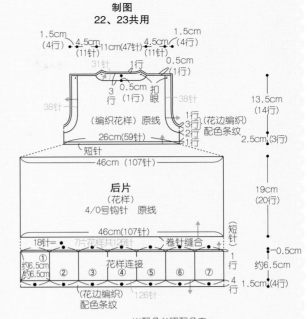

制图
22、23共用

※配色参照配色表

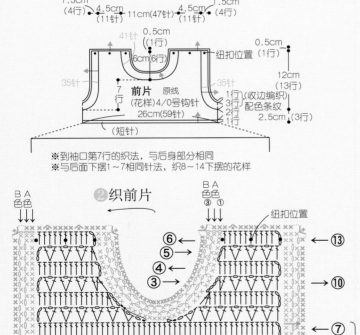

❷织前片

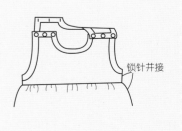

锁针并接

22、23 无袖小裙子

❖ 侧身的并接方法（锁针并接）

1 将前后两片正面相对合拢，把针插入锁针的针脚里，把线拉出。

2 织3针锁针，在两片的交界行（箭头位置）将针插入。

3 针上挂线拉出，钩短针。

4 钩3针锁针、交界行织1针短针。重复此动作。配合织片调整锁针针数。

5 结束处织短针，最后1针穿线后停织。

6 边线并接结束。线头穿过并接线针脚，收针。

❖ 花样连接及缝合

1 将主体部分和花样连接部分并在一起，从正面进行卷针缝合。花样一片挑起外侧的毛线，主体部分一片挑起针脚处2根毛线。

2 调节花样连接与主体部分之间的针数差，可在主体部分针脚的锁针处将针插入2次。

3 在主体部分针脚入2次针后，花样的连接处也要织卷针并接，后面每一针都要缝合并接。

4 结束处将并接线的线头从里侧抽出。

5 把刚才抽出的线头轻拉出，注意不要把线松掉，进行U字形旋转。

6 用剪刀把线头剪短整理。图中为花样连接处与主体部分连接好后里侧的样子。

24、25　小马甲

❖ 变化的中长针4针枣形针 🪢

1 针上挂线，将针从上一行下面插入，挂线。

2 按步骤1重复4次，针上挂8个线圈后再针上挂线，从8个线圈中一次性引拔穿过。

3 再针上挂线，一次性引拔穿过。

4 变化的中长针4针枣形针完成。

❖ 扣眼的制作方法（作品24）

 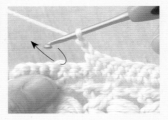  

1 将扣眼织在收边第2行，右前方的第5针处。

2 收边第2行是短针，在扣眼位置织2针锁针。

3 跳过前一行两针，在第3针上织短针。

4 织第3行的山形收边，由长针、短针和锁针构成。织扣眼正上方的第2个山形花样。

5 后面的短针，从扣眼织到第2针。在前端、衣领口到下摆为止织山形花样。

6 图中扣眼完成。

7 织用作扣眼的小花花样。将线头留长，以便缝合固定。

8 将小花花样重叠到扣眼上面，以扣眼为中心对齐。

9 将小花花样的线头用针穿过，再把针穿过两片的中心处缝合。

10 用小花花样装饰的扣眼完成。

24
粉色小马甲

12～24个月

25　奶油色小马甲

质地蓬松柔软的小马甲是宝宝的必需品。女孩儿可选择小
花图案固定在扣眼处，男孩儿可用喜欢的纽扣作为亮点。
小马甲是便装中很有人气的一款哦！

▶ 编织方法　第47、50、51页

12～24个月

小马甲

12～24个月

▶ 图片见第48、49页

●24材料
粉色毛线120g
直径1.3mm的纽扣5颗
●25材料
奶油色毛线120g
直径1.5cm的纽扣5颗
●针
钩针4/0号
●织片密度
边长10cm的正方形内4个编
织花样、10行
●完成尺寸
胸围61.5cm，肩背宽26cm，
长30.5cm

编织方法（24、25相同）

❶织后片
织86针锁针，按照编织花样编织。
❷织前片
与后片相同要领，织左右前片。
❸连接肩部，并接两边
把肩部中间相对合拢重叠，以卷针并接，两边以锁针并接相连。
❹花边缝合
在下摆、前襟、衣领口处编织花边，24在右前襟开扣眼，25在左前襟开扣眼。
❺完成
24织5片小花花样，如图所示装饰固定在扣眼处。
24、25都要固定纽扣。

❶织后片

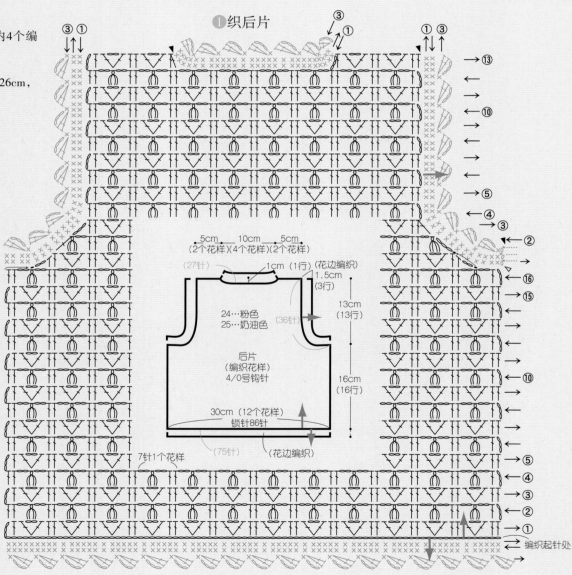

50

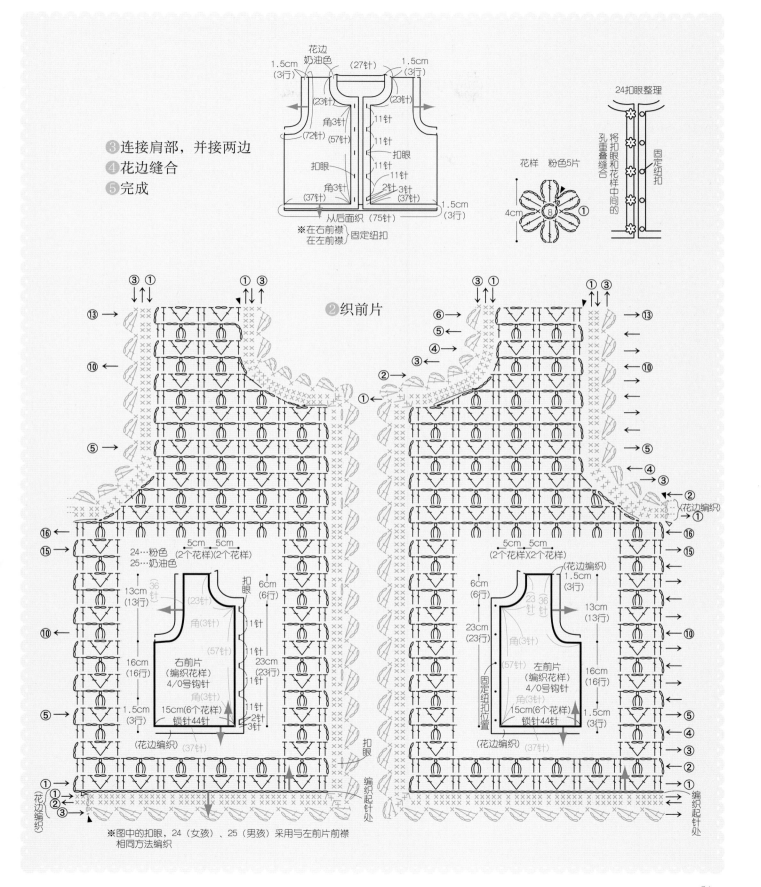

❸连接肩部，并接两边
❹花边缝合
❺完成

花边
奶油色
1.5cm（3行） （27针） 1.5cm（3行）

（23针） （23针）

角3针（72针）（57针）

11针
11针
扣眼
11针
11针
扣眼
角3针（37针）
2针 3针（37针）
1.5cm（3行）

※在右前襟 在左前襟 固定纽扣

从后面织（75针）

24扣眼整理

将扣眼和花样中间的孔重叠缝合

固定纽扣

花样 粉色5片
4cm
8
①

❷织前片

24…粉色
25…奶油色

5cm 5cm
（2个花样）（2个花样）

13cm（13行）36针
（23针）
扣眼
6cm（6行）

角（3针）
11针

右前片
（编织花样）
4/0号钩针
16cm（16行）

11针
23cm（23行）

角（3针）
11针
1.5cm（3行）
15cm（6个花样）
锁针44针
2针
3针
（花边编织）（37针）

扣眼

编织起针处

（花边编织）
①②③

5cm 5cm
（2个花样）（2个花样）

6cm（6行）

（花边编织）1.5cm（3行）
23 36针
13cm（13行）

角（3针）
（57针）
23cm（23行）

左前片
（编织花样）
4/0号钩针
16cm（16行）

角（3针）
1.5cm（3行）
固定纽扣位置
15cm（6个花样）
锁针44针

（花边编织）（37针）

编织起针处

※图中的扣眼，24（女孩）、25（男孩）采用与左前片前襟相同方法编织

26
浅棕色带襻娃娃鞋

12~24个月

27
粉色带襻娃娃鞋

0~12个月

28
绿色段染毛球娃娃鞋

12~24个月

29
奶油色毛球娃娃鞋

0~12个月

用带子和小毛球作装饰的娃娃鞋。手掌大小的可爱娃娃鞋，只是看看就已经让人很喜欢了。即使有一天宝宝不能穿了也想要细心珍藏起来。小鞋织法很简单，新手妈妈也能很快就学会哦！

▶ 编织方法　26、27见第54、55页，28、29见第33页

带襻娃娃鞋

26…12～24个月　　27…0～12个月

▶ 图片见第52页

● 26材料
浅棕色毛线…25g
直径1.5cm的纽扣2颗
● 27材料
粉色毛线…20g
直径1.3cm的纽扣2颗
● 针
钩针4/0号
● 完成尺寸
26…长12cm、宽4cm
27…长11cm、宽3.5cm

编织方法（26、27相同）
①织底面
织16针锁针，脚尖部分及脚跟部分均加针织4行。
②织脚面和侧面部分
从脚尖到脚跟方向如图所示织编织花样（织脚脚踝处时，应从第6行开始左右分开编织）。
③连接
将侧面折成两部分，沿脚跟处◎标记卷针缝合（卷针并接）。
④完成
将底面、脚面和侧面对齐，以卷针连接。脚踝处包边，并如图所示织带子（注意左右脚的编织位置不同）。固定好纽扣，完成。

④完成

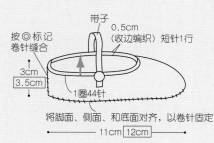

带子
按◎标记
卷针缝合
0.5cm
（收边编织）短针1行
3cm
3.5cm
1圈44针
将脚面、侧面、和底面对齐，以卷针固定
11cm　12cm

①织底面

左右脚相同

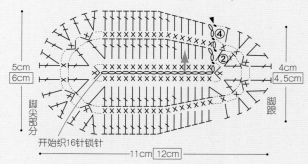

4/0号钩针　※无记号=27　　＝26　完成尺寸
5cm
6cm
脚尖部分
4cm
4.5cm
脚跟
开始织16针锁针
11cm　12cm

※两种尺寸的针数、行数、使用针的型号、连接方法均相同

②织脚面和侧面部分
③连接

※无记号=27　　＝26　完成尺寸

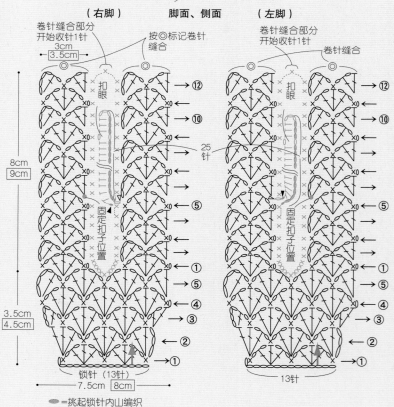

（右脚）　　脚面、侧面　　（左脚）
卷针缝合部分
开始收针1针
3cm
3.5cm
按◎标记卷针缝合
卷针缝合部分
开始收针1针
卷针缝合
扣眼
扣眼
25针
8cm
9cm
固定扣子位置
固定扣子位置
3.5cm
4.5cm
锁针（13针）
7.5cm　8cm
13针
●=挑起锁针内山编织

26、27　带襻娃娃鞋

❖ 编织顺序

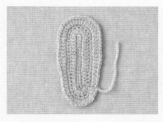

1 底面织短针、中长针、长针，织成椭圆形。

2 与脚尖相连的脚面和侧面，按花样重复织几次，形成U字形，留30cm线头。

3 对照侧面编织完成的地方，用剩下的线头从正面卷针并接。

4 卷起缝合的位置（箭头位置）在脚跟的中心。

5 在底面的前后中心及脚尖中心做绷线印。

6 对准脚尖中心，在编织花样一侧留些空间，用珠针固定。

7 锁缝编织花样一侧，在距离中心5cm处缝合。

8 相反方向也要锁缝，并留出5cm缝合。

9 缝合脚跟时从中心到左右，最后缝合到脚尖部分。

10 织短针整理脚踝处（鞋口），然后织带子。右脚的鞋襻固定在鞋口左侧。

11 左脚的鞋襻固定在鞋口的右侧。

12 线头要从鞋里面拉出，并整理到针脚里面。带襻娃娃鞋完成。

30
灰色单扣开衫

可与22无袖小裙子搭配的单扣开衫，男孩女孩都适合。
单一颜色更易搭配，外出的时候如果带一件的话会非常实用
哦！

▶ 编织方法　第58～60页

12～24个月

单扣开衫

12～24个月

▶ 图片见第56、57页

●材料
深灰色毛线175g
乳白色、黑色毛线各5g
直径2cm的纽扣1颗
●针
钩针4/0号
●织片密度
边长10cm正方形内编织花样26针、10行
●完成尺寸
胸围66.5cm、长28.5cm、袖长36cm

编织方法

❶织后片
织87针锁针，按照图示编织花样。

❷织前片
与后片相同要领，织前片的左右两部分。

❸织袖子
织锁针47针，按照编织花样，加针织两端。

❹缝合肩部，固定袖子
肩部对好后卷针并接，前后片与袖子对好后以卷针连接。

❺缝合侧身和袖子
将前后片与袖子、侧身与袖口，分别用锁针连接。

❻收边缝合
下摆、前襟、领口和袖口分别使用各自的配色线收边缝合。

❼完成
右前片织扣眼，左前片缝扣子。

❶织后片

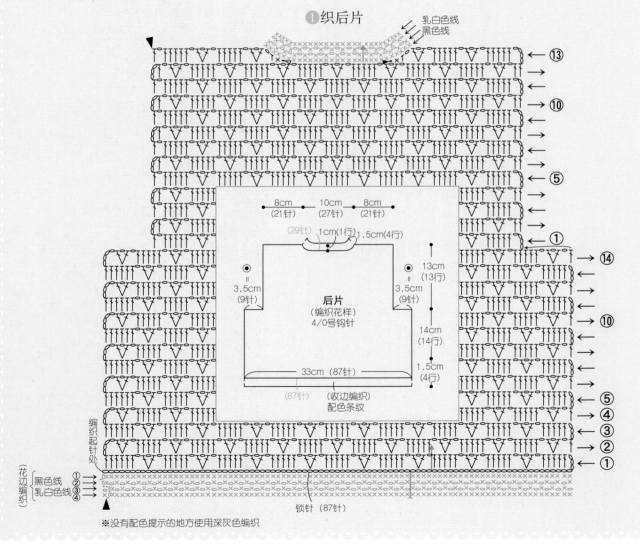

乳白色线
黑色线

8cm (21针)　10cm (27针)　8cm (21针)

(29针)　1cm(1行)　1.5cm(4行)

⊙ ‖ 3.5cm (9针)　13cm (13行)　⊙ ‖ 3.5cm (9针)

后片
(编织花样)
4/0号钩针

14cm (14行)

1.5cm (4行)

33cm (87针)

(87针)　(收边编织)
配色条纹

编织起针处

(花边编织) 黑色线 ①　乳白色线 ②③④

编织起针处

锁针 (87针)

※没有配色提示的地方使用深灰色编织

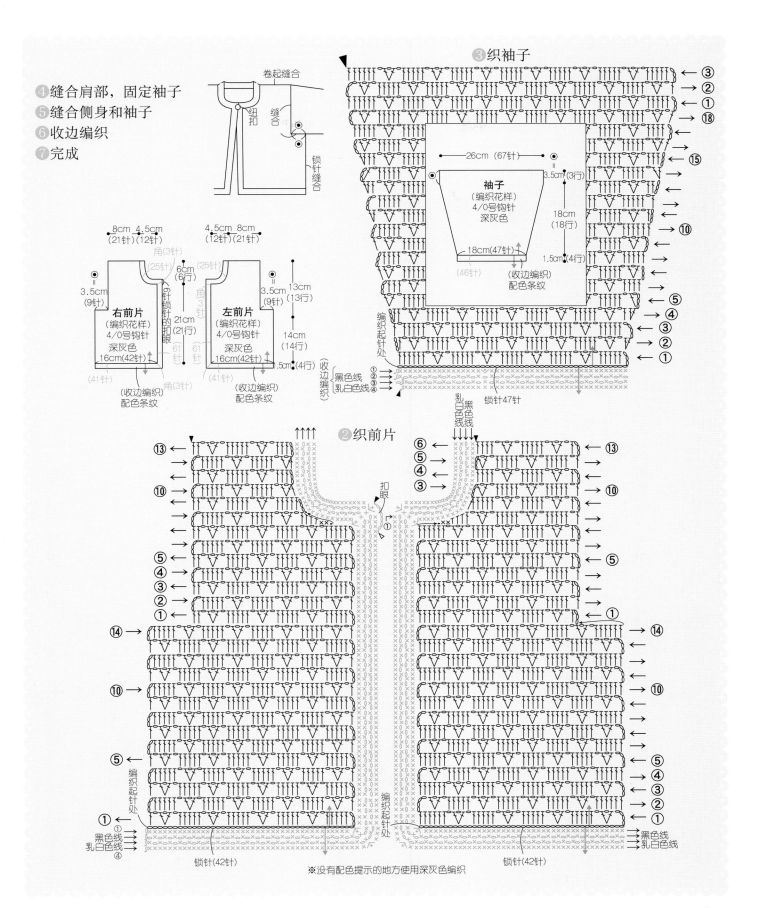

❹缝合肩部，固定袖子
❺缝合侧身和袖子
❻收边编织
❼完成

❸织袖子

26cm（67针）

袖子
（编织花样）
4/0号钩针
深灰色

3.5cm（3行）

18cm（18行）

18cm（47针）

1.5cm（4行）

（46针）

（收边编织）
配色条纹

8cm（21针） 4.5cm（12针）　　4.5cm（12针） 8cm（21针）

角（3针）　　　（25针）　　（25针）　　角（3针）

3.5cm（9针）　　　6cm（6行）　　　3.5cm（9针）

右前片
（编织花样）
4/0号钩针
深灰色
16cm（42针）

左前片
（编织花样）
4/0号钩针
深灰色
16cm（42针）

21cm（21行）

13cm（13行）

14cm（14行）

1.5cm（4行）

（41针）　　（41针）

（收边编织）
配色条纹

（收边编织）
配色条纹

（收边编织）

黑色线
乳白色线

编织起针处

锁针47针

乳白色线

黑色线

❷织前片

扣眼

黑色线
乳白色线

编织起针处

编织起针处

锁针（42针）

锁针（42针）

黑色线
乳白色线

※没有配色提示的地方使用深灰色编织

卷起缝合

纽扣

缝合

锁针缝合

30 单扣开衫

※为使编织方法容易理解，图中使用不同色线进行说明

❖ 肩部的并接方法（卷针并接）

1 使用编织结束时的线头，合并前后身的织片，从开始处将针穿过顶端针脚两次。

2 一个一个地挑起前后织片的针脚，织卷针并接。

3 并接结束后，将针插入针脚两次。

4 肩部并接完成。从里侧将线头抽出，轻轻挑起并按针脚整理好。

❖ 袖子的固定方法（针和行的并接）

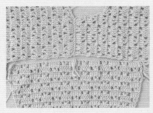 

1 在袖子中心和固定处做绷线印，将前后片与袖子对齐固定珠针。

2 在行一侧，将针插入顶端长针针脚，针一侧挑起成八字的两根线。将它们缝合。

 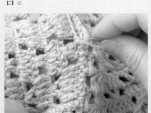

3 缝角部分。在与袖子、前后片同一针处将针插入两次，缝合。

4 将肩部和袖子中心对齐，使用步骤2的要领缝合。

5 配合袖子的针数及袖孔针数进行缝合。图中连接袖子完成。

❖ 并接身侧和袖子部分（锁针并接）

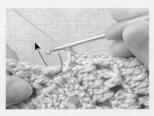 

1 把织片里面翻到外面，将腋下和袖孔对齐用锁针并接，袖子与前后片的交界处织2针短针。

2 然后以锁针并接（参照第46页）织到袖口。

3 图为将肩部卷针并接，在针和行的并接处固定袖子，袖子处以锁针并接缝合。

31、32　带帽子的披肩

※编织花样的织法，以使用双色的32进行说明

❖ 编织花样的织法（作品32）

1 第1行用原线织长针。第2行用配色线织短针和凸编。

2 凸编为锁针5针的引拔凸编，在第3针处开始织，以后每隔5针织1次。

3 第3行，拉出停在第1行结束处的原线，里侧向上织长针和锁针。

4 在上一行1针处织1针或2针长针，在上一行凸编处织锁针。然后第4行用原线织长针。

5 开始织第5行，将停在第2行结束处的配色线拉出，正面向上从顶端针脚开始将线拉出。

6 第5行织1针短针、1针锁针。并重复编织。

7 开始织第6行。将停在第4行结束处的原线拉出，背面向上从顶端针脚将线拉出。第6行织长针。

8 停下两种颜色的线，都不要剪断，挑到要织的那行准备使用。

❖ 小毛球的制作方法（作品31）

1 准备一块宽5cm的硬纸片，将两根线一起缠绕36圈。

2 抽出硬纸片，用线在中间缠绕两圈后打结。

3 用剪刀将两端的线环剪断。

4 用剪子修剪小毛球的四周，整理形状。

31　带帽子的粉色段染披肩

12~24个月

32 带帽子的藏
蓝色披肩

0～12个月

有了可以将头部完全遮住的帽子，寒冷的冬天就不用担心了。
用双色段染线织成的带绒球抽带的款式和藏蓝色的款式都很可爱。
使用粗细不同的线会使作品大小有所不同，下面将分别进行介绍。

▶ 编织方法　第61、64、65页

31、32

带帽子的披肩

31…12~24个月　32…0~12个月

▶ 图片见第62、63页

● 31材料
粉色系混合段染线…275g
● 32材料
藏蓝色毛线…165g
乳白色毛线…35g
直径1.8cm的纽扣2颗
● 针
31 钩针6/0号
32 钩针4/0号
● 织片密度
编织花样
31…10.5行=10cm
32…11.5行=10cm
● 完成尺寸
参照图

编织方法

❶织主体部分
主体部分织70针锁针，参照图示，由衣领口向下摆处加针编织。

❷织帽子，并接头顶
从主体部分的衣领一侧开始收针，按图织30行花样。将最后一行折成两部分，在标记处以卷针并接。

❸收边缝合
将主体部分的右前方、帽子的面部周长以及主体部分的左前方和下摆处收边，来回编织。

❹完成
32织扣眼，如图所示固定在前端。
31织带子，从穿带子位置穿过。做两个小毛球，缝在带子上做装饰。

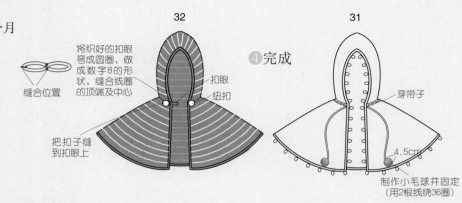

将织好的扣眼弯成圆圈，做成数字8的形状，缝合线圈的顶端及中心
缝合位置
扣眼
纽扣
把扣子缝到扣眼上
❹完成
穿带子
4.5cm
制作小毛球并固定（用2根线绕36圈）

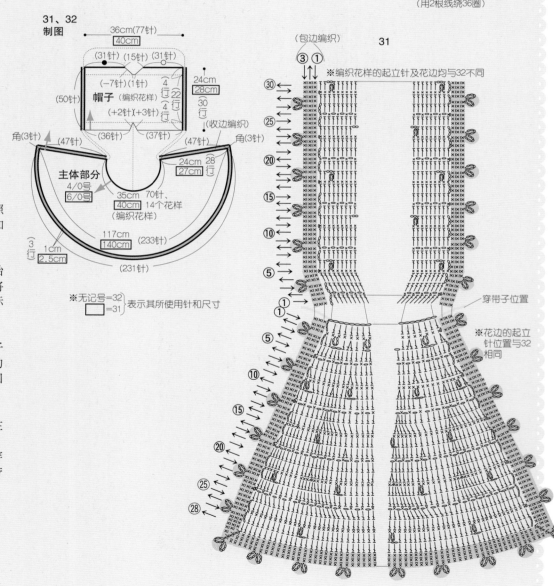

31、32
制图
36cm（77针）
40cm
（31针）（15针）（31针）
（-7针）（1针）
帽子 （编织花样）
（+2针）（+3针）
24cm
28cm
30行
（收边编织）
50针
角（3针）
（47针）
（36针）
（37针）
（47针）
角（3针）
主体部分
4/0号
6/0号
35cm 70针、
40cm 14个花样
（编织花样）
24cm 28
27cm 行
117cm （233针）
140cm
3行 1cm
2.5cm
（231针）
※无记号=32
□=31 表示其所使用针和尺寸

31
（包边编织）
③①
※编织花样的起立针及花边均与32不同
穿带子位置
※花边的起立针位置与32相同

64

32

扣眼
藏蓝色线2根

● ━━━ 11cm（25针）━━━ ●

带子

编织起针处 ◀

● ━━━ 110cm（230针）━━━ ●

※收边=短针的菱钩针

❸包边缝合

③ ①
★=锁针（70针）

(收边编织)

❶织主体部分

② ①

边框里侧1个花样

❷织帽子，并接头顶

★=锁针

…藏蓝色线
…乳白色线

▽ =接线
▼ =将线剪断
⌒ =拉线

(编织花样)

65

钩针编织基础

❖记号图的看法

本书所示的记号图由日本工业标准（JIS）规定，表示正面看到的效果。钩针编织中没有正面钩织与反面钩织的区别（挑针除外），正面、背面交替编织的平针，也用完全相同的记号表示。

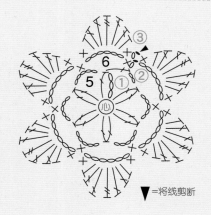

▼=将线剪断

从中心开始环形编织时

在中心处作环（或者锁针线圈），像画圆一样一行一行织下去。每一行以起立针开始织。基本上是正面向上，看着记号图由右向左织。

▼=将线剪断

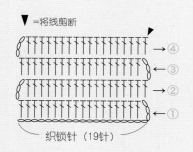

→④
←③
→②
←①

织锁针（19针）

织平针时

特点是左右都有起立针，右侧织好起立针将正面向上，看着记号图由右向左织。左侧织好起立针背面向上，看着记号图由左向右织，这是基础。

❖线和针的持法

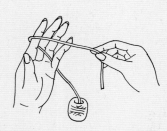 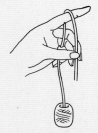 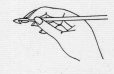

1 将线从左手小指和无名指间穿过，绕到食指上后将线头拉出。

2 用拇指和中指持线头，竖起食指将毛线拉直。

3 用拇指和食指持针，将中指轻轻放到针头处。

❖起针的方法

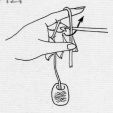  

1 从毛线内侧插入钩针，按箭头方向旋转钩针。

2 按箭头方向在针上挂线。

3 将挂好的线从圆环中心穿过，引拔抽出。

4 拉紧线头使针脚收紧，起始针织好。这不算作1针。

❖ 前一行的入针方法

 编织1针

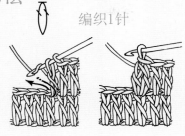

在编织成的锁链下入针进行编织

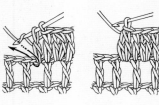

即使是同样的编织物，根据记号的不同，入针的方法也会不同。记号图的下方闭合时是在前一行内入针编织，记号图的下方开着时，在前一行的锁链下入针进行编织。

❖ 锁针的看法

正面 　反面
　　　　　　　　　　　　　　　内山

锁针有正反面之分。位于反面中心的一根线叫做"内山"。

❖ 起针

从中心开始环形编织时（用线头做圈）

1 将线在左手食指上绕两圈，使之成环状。

2 从手指上脱下已缠好的线圈，将针穿过线圈，把线钩到前面。

3 在针上挂线，将线拉出，织起立针的锁针。

4 织第1行，在线圈中心入针，织需要的针数。

5 将针抽出，将最开始的线圈的线和线头抽出，收紧线圈。

6 在第1行结束时，在最开始的短针开头入针，将线拉出。

从中心开始环形编织时（用锁针做圈）

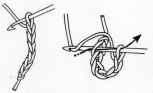

1 编织必要针数的锁针，从起始针的半针锁针处入针，引拔穿过。

2 针上挂线，将线拉出，织起立针的锁针。

3 织第1行，在线圈中编织短针，编织必要的针数。

4 在第1行结束时，在最初的短针里入针，将线拉出。

平针编织时

1 编织必要针数的锁针和起立针的锁针，从头数第2针的锁针位置入针。

2 针上挂线，将线拉出。再针上挂线，一次引拔穿过2个线圈。

3 第1行编织完成（起立针的1针锁针不算1针）。

67

❖ 钩针记号

锁针	 **1** 织起始针，按箭头方向移动钩针。	 **2** 针上挂线拉出线圈。	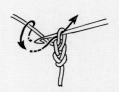 **3** 重复相同动作。	 **4** 5针锁针完成。
引拔针	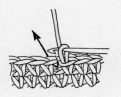 **1** 在前一行插入钩针。	 **2** 针上挂线。	 **3** 把线一次性引拔穿过。	 **4** 1针引拔针完成。
× 短针	 **1** 在前一行插入钩针。	 **2** 针上挂线，将线拉到前面。	 **3** 针上挂线，一次性引拔穿过2个线圈。	 **4** 1针短针完成。
中长针	 **1** 针上挂线后，把针插入前一行。	 **2** 再针上挂线，把线圈抽出。	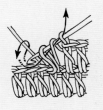 **3** 针上挂线，一次性引拔穿过3个线圈。	 **4** 1针中长针完成。
长针	 **1** 针上挂线后把针插入前一行，再针上挂线，把线圈抽出。	 **2** 按箭头方向，针上挂线后引拔穿过2个线圈。	 **3** 再针上挂线，引拔穿过剩下的2个线圈。	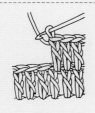 **4** 1针长针完成。

长长针

1 将线在钩针上绕两圈，把针插进前一行，再绕一圈线，拉出1个新的线圈。

2 针上挂线，按照箭头指示的方向从2个线圈中一次拉出。

3 再按上述步骤重复两次。

4 1针长长针完成。

 锁3针之凸编

1 织3针锁针。

2 将钩针从短针的顶端及底部依次穿过。

3 针上挂线，然后从3个线圈中一次性引拔穿过。

4 锁3针之凸编完成。

 变化的枣形针（中长针）

1 在1针处，织完3针未完成的中长针。

2 针上挂线，钩针从6个线圈中一次性引拔穿过。

3 再一次在针上挂线，引拔穿过剩余的2个线圈。

4 变化的枣形针（中长针）完成。

 短针2针并1针

1 在1针处按箭头指示方向插入钩针，拉出1个线圈。

2 在下一针处再按照同样方式拉出1个线圈。

3 针上挂线，一次性引拔穿过3个线圈。

4 短针2针并1针完成。整体针数减1针。

 短针1针分2针

1 织短针第1针。

2 在同一针处入针，拉出1个线圈。

3 针上挂线，从2个线圈中一次性拉出。

4 短针1针分2针完成，整体针数加1针。

长针2针并1针

1 在上一行1针处织未完成长针，下一针处按箭头所指方向入针，拉出线圈。

2 针上挂线，一次性引拔穿过2个线圈，织第2针未完成长针。

3 针上挂线，一次性引拔穿过3个线圈。

4 长针2针并1针完成。比前一行减少1针。

长针1针分2针

1 织1针长针，同一针处再织1针长针。

2 针上挂线，引拔穿过2个线圈。

3 再针上挂线，引拔穿过剩下的2个线圈。

4 图中1针处织了2针长针。比前一行增加1针。

短针的条纹针

1 每行正面向上编织。结束处引拔穿过起始针。

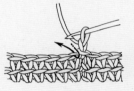

2 织起立针的1针锁针，拉起上一行外侧的半针，织短针。

3 重复步骤2的要领，继续织短针。

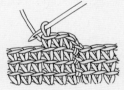

4 上一行的里侧半针留下，呈条纹状。图为正在织短针的条纹针第3行。

短针的菱钩针

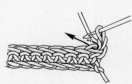

1 如箭头所示，在上一行外侧半针处将钩针插入。

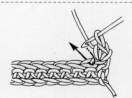

2 织短针，下一针处也把针插入外侧半针。

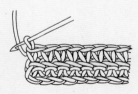

3 织到顶端后，将左侧转到面前，换持。

4 与步骤1、步骤2相同，在上一行外侧半针处将针插入，织短针。

短针1针分3针

1 织1针短针。

2 同一针处入针，抽出线圈后，再织短针。

3 同一针处再织短针。

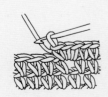

4 图中上一行1针处分出3针。比上一行增加2针。

索引

日本美创出版社授权河南科学技术出版社在中国大陆独家出版本书中文简体字版本。

版权所有，翻印必究

著作权合同登记号：图字16—2010—26

图书在版编目（CIP）数据

亲亲宝贝装　1周就能完成的钩针小物. 俏皮篇／（日）河合真弓著；吕婷轩译. —郑州：河南科学技术出版社，2011.6（2014.6重印）

ISBN 978-7-5349-4920-3

Ⅰ.①亲… Ⅱ.①河… ②吕… Ⅲ.①钩针—编织—图集… Ⅳ.①TS935.521-64

中国版本图书馆CIP数据核字（2011）第042833号

策划制作：北京书锦缘咨询有限公司（www.booklink.com.cn）
总 策 划：陈 庆
策　　划：陈 杨
装帧设计：李新泉

出版发行：河南科学技术出版社
　　　　　地址：郑州市经五路 66 号　　邮编：450002
　　　　　电话：（0371）65737028　65788613
　　　　　网址：www.hnstp.cn
责任编辑：刘 欣 张 培
责任校对：李 琳
印　　刷：天津市蓟县宏图印务有限公司
经　　销：全国新华书店
幅面尺寸：210mm×270mm　　印张：4.5　字数：120千字
版　　次：2011年6月第1版　　2014年6月第9次印刷
定　　价：27.00元

如发现印、装质量问题，影响阅读，请与出版社联系。